COMPÉTENCE

DES

JUGES DE PAIX

Loi du 13 Juillet 1905

Loi du 25 Mai 1838

Code de Procédure Civile

LOUHANS

ÉDITÉ PAR L'IMPRIMERIE MODERNE

Rue du Musée

—

1905

COMPÉTENCE

DES

JUGES DE PAIX

COMPÉTENCE

DES

JUGES DE PAIX

Loi du 13 Juillet 1905

Loi du 25 Mai 1838

Code de Procédure Civile

LOUHANS

ÉDITÉ PAR L'IMPRIMERIE MODERNE

Rue du Musée

—

1905

COMPÉTENCE

DES

JUGES DE PAIX

Loi du 13 Juillet 1905

TITRE PREMIER

DE LA COMPÉTENCE CIVILE DES JUGES DE PAIX

Article 1er. — Les juges de paix connaissent, en matière civile, de toutes actions purement personnelles ou mobilières en dernier ressort jusqu'à la valeur de 300 francs, et à charge d'appel jusqu'à la valeur de 600 francs.

Art. 2. — Les juges de paix prononcent sans appel jusqu'à la valeur de 300 francs, et à charge d'appel jusqu'au taux de la compétence en dernier ressort des Tribunaux de première instance, sur les contestations :

1o Entre les hôteliers, aubergistes ou logeurs et les voyageurs ou locataires en garni, leurs répondants ou cautions, pour dépense d'hôtellerie et perte ou avarie d'effets déposés dans l'auberge ou dans l'hôtel ;

2o Entre les voyageurs et les entrepreneurs de transports par terre ou par eau, les voituriers ou bateliers, pour retards, frais de route et perte ou avarie d'effets accompagnant les voyageurs,

3º Entre les voyageurs et les carossiers ou autres ouvriers pour fournitures, salaires et réparations faites aux voitures et autres véhicules de voyage ;

4º Sur les contestations à l'occasion des correspondances et objets recommandés et des envois de valeur déclarée, grevés ou non de remboursement.

Dans le cas du paragraphe 4º, la demande pourra être portée soit devant le juge de paix du domicile de l'expéditeur, soit devant le juge de paix du domicile du destinataire, au choix de la partie la plus diligente.

Art. 3. — Les juges de paix connaissent sans appel jusqu'à la valeur de 300 francs, et à charge d'appel à quelque valeur que la demande puisse s'élever :

Des actions en paiement de loyers ou fermages ;

Des congés ;

Des demandes en résiliation de baux, fondées soit sur le défaut de paiement des loyers ou fermages, soit sur l'insuffisance des meubles garnissant la maison ou de bestiaux et ustensiles nécessaires à l'exploitation d'après les articles 1752 et 1766 du Code civil, soit enfin sur la destruction de la totalité de la chose louée, prévue par l'article 1722 du Code civil ;

Des expulsions de lieux ;

Des demandes en validité et en nullité ou main-levée de saisies-gageries pratiquées en vertu des articles 819 et 820 du Code de procédure civile, ou de saisies-revendications portant sur des meubles déplacés sans le consentement du propriétaire, dans les cas prévus aux articles 2102, paragraphe 1er, du Code civil et 819 du Code de procédure civile, à moins que dans ce dernier cas, il n'y ait contestation de la part d'un tiers ;

Le tout lorsque les locations verbales ou écrites n'excèdent pas annuellement 600 francs.

Si le prix principal du bail se compose en totalité ou en partie de denrées ou prestations en nature appréciables d'après les mercuriales l'évaluation en sera faite sur les mercuriales du jour de l'échéance, lorsqu'il s'agira du paiement des fermages ; dans tous les autres cas, elle aura lieu suivant les mercuriales du mois qui aura précédé la demande.

S'il comprend des prestations non appréciables d'après les mercuriales, où il s'agit de baux à colons partiaires, le juge de paix déterminera la compétence en prenant pour base du revenu de la propriété le principal de la contribution foncière de l'année courante multiplié par cinq.

Art. 4. — Les juges de paix connaissent sans appel jusqu'à la valeur de 300 francs, et à charge d'appel à quelque chiffre que la demande puisse s'élever :

Des réparations locatives des maisons ou fermes ;

Des indemnités réclamées par le locataire ou fermier pour non-jouissance provenant du fait du bailleur lorsque le droit à une indemnité n'est pas contesté ;

Des dégradations et pertes dans les cas prévus par les articles 1732 et 1735 du Code civil.

Néanmoins, le juge de paix ne connaît des pertes causées par incendie ou inondation que dans les limites posées par l'article 1er de la présente loi.

Art. 5. — Les Juges de paix connaissent également sans appel jusqu'à la valeur de 300 francs, et à charge d'appel à quelque valeur que la demande puisse s'élever :

1° Des contestations relatives aux engagements respectifs des gens de travail au jour, au mois et à l'année, et de ceux qui les emploient ; des maîtres, domestiques ou gens de service à gages ; des maîtres ou patrons et de leurs ouvriers ou apprentis, sans néanmoins qu'il soit dérogé aux lois et règlements relatifs, soit à la juridiction commerciale, soit à celle des prud'hommes, soit au contrat d'apprentissage ni aux lois sur les accidents du travail ;

2° Des contestations relatives au paiement des nourrices.

Art. **6**. — Les juges de paix connaissent encore sans appel jusqu'à la valeur de 300 francs, et à charge d'appel à quelque valeur que la demande puisse s'élever :

1° Des actions pour dommages faits aux champs, fruits et récoltes, soit par l'homme, soit par les animaux, dans les conditions prévues par les articles 1382 à 1385 du Code civil ;

2° Des actions relatives à l'élagage des arbres ou haies et au curage soit des fossés, soit des canaux servant à l'irrigation des propriétés ou au mouvement des usines, lorsque les droits de propriété ou de servitude ne sont pas contestés ;

3° Des actions civiles pour diffamations ou pour injures publiques ou non publiques, qu'elles soient verbales ou par écrit, autrement que par la voie de la presse ; des mêmes actions pour rixes ou voies de fait, le tout lorsque les parties ne se sont pas pourvues par la voie criminelle ;

4° De toutes demandes relatives aux vices rédhibitoires dans les cas prévus par la loi du 2 août 1884, soit que les animaux qui en sont l'objet aient été vendus, soit qu'ils aient été échangés, soit qu'ils aient été acquis par tout autre mode de transmission ;

5° Des contestations entre les Compagnies ou administrations de chemins de fer ou tous autres transporteurs et les expéditeurs ou les destinataires, relatives à l'indemnité afférente à la perte, à l'avarie, au détournement d'un colis postal du service continental intérieur, ainsi qu'aux retards apportés à la livraison. Ces indemnités ne pourront excéder les tarifs prévus aux conventions intervenues entre les Compagnies ou autres transporteurs concessionnaires et l'Etat.

Seront considérés, à ce point de vue comme appartenant au service continental intérieur, les colis postaux échangés entre la France continentale, la Corse, la Tunisie et l'Algérie.

Dans le cas du paragraphe 5, la demande pourra être portée soit devant le juge de paix du domicile de l'expéditeur, soit devant le juge de paix du domicile du destinataire, au choix de la partie la plus diligente.

Art. 7. — Les juges de paix connaissent à charge d'appel :

1º Des demandes en pension alimentaire n'excédant pas en totalité 600 francs par an, fondées sur les articles 205, 206, 207 du Code civil. S'il y a plusieurs défendeurs à la demande en pension alimentaire, ils pourront être cités devant le Tribunal de paix du domicile de l'un d'eux, au choix du demandeur ;

2º Des entreprises commises dans l'année sur les cours d'eau servant à l'irrigation des propriétés et au mouvement des usines et moulins, sans préjudice des attributions de l'autorité administrative dans les cas déterminés par les lois et règlements ; dénonciations de nouvel œuvre, complaintes, actions en réintégrande et autres actions possessoires fondées sur des faits également commis dans l'année ;

3o Des actions en bornage et de celles relatives à la distance prescrite par la loi, les règlements particuliers et l'usage des lieux, pour les plantations d'arbres ou de haies, lorsque la propriété ou les titres qui l'établissent ne sont pas contestés ;

4o Des actions relatives aux constructions et travaux énoncés dans l'article 674 du Code civil, lorsque la propriété ou la mitoyenneté du mur ne sont pas contestées ;

5o Des demandes en paiement des droits de place perçus par les communes ou leurs concessionnaires, lorsqu'il n'y a pas contestation sur l'interprétation de l'article ou des articles servant de base à la poursuite. L'affaire sera jugée devant le juge de paix du lieu où la perception est due ou réclamée.

Art. **8**. — Lorsque plusieurs demandes formulées par la même partie contre le même défendeur seront réunies dans une même instance, le juge de paix ne prononcera qu'en premier ressort, si leur valeur totale s'élève au-dessus de 300 francs, lors même que quelqu'une de ces demandes serait inférieure à cette somme.

Il sera incompétent sur le tout, si ces demandes excèdent, par leur réunion, les limites de sa juridiction.

Art. **9**. — La demande formée par plusieurs demandeurs ou contre plusieurs défendeurs, collectivement et en vertu d'un titre commun, sera jugée en dernier ressort, si la part afférente à chacun des demandeurs ou à chacun des défendeurs dans la demande n'est pas supérieure à 300 francs ; elle sera jugée pour le tout en premier ressort, si la part d'un seul des intéressés excède cette somme ; enfin, le juge de paix sera incompétent sur le tout, si cette part excède les limites de sa juridiction.

Le présent article n'est pas applicable au cas de solidarité, soit entre les demandeurs, soit entre les défendeurs

Art. **10.** — Les juges de paix connaissent de toutes les demandes reconventionnelles ou en compensation qui, par leur nature ou leur valeur, sont dans les limites de leur compétence, alors même que ces demandes réunies à la demande principale excéderaient les limites de leur juridiction.

Ils connaissent, en outre, comme de la demande principale elle-même, des demandes reconventionnelles en dommages-intérêts fondées exclusivement sur la demande principale, à quelque somme qu'elles puissent monter.

Art. **11.** — Lorsque chacune des demandes principales reconventionnelles ou en compensation sera dans les limites de la compétence du juge de paix en dernier ressort, il prononcera sans qu'il y ait lieu à appel.

Si une de ces demandes n'est susceptible d'être jugée qu'à charge d'appel, le juge de paix ne prononcera sur toutes qu'en premier ressort.

Néanmoins, il statuera en dernier ressort, si seule la demande reconventionnelle en dommages-intérêts, fondée exclusivement sur la demande principale, dépasse sa compétence en premier ressort.

Si la demande reconventionnelle ou en compensation excède les limites de sa compétence, il pourra soit retenir le jugement de la demande principale, soit renvoyer sur le tout les parties à se pourvoir devant le Tribunal de première instance, sans préliminaire de conciliation.

Art. **12.** — Les Juges de paix connaissent des actions en validité et en nullité d'offres réelles, autres que celles concernant les administrations de l'enregistrement ou des contributions indirectes, lorsque l'objet du litige n'excède pas les limites de leur compétence.

Art. 13. — Les juges de paix connaissent des demandes en validité, nullité et mainlevée de saisies sur débiteurs forains pratiquées pour des causes rentrant dans les limites de leur compétence.

En cette matière, comme en matière de saisie-gagerie et de saisie-revendication, si les saisies ne peuvent avoir lieu qu'en vertu de la permission du juge dans les cas prévus par les articles 2102 du Code civil, 819 et 822 du Code de procédure civile, cette permission sera accordée par le juge de paix du lieu où la saisie devra être faite, toutes les fois que les causes de la saisie rentreront dans sa compétence.

S'il y a opposition pour des causes qui, réunies excèderaient cette compétence, le jugement en sera déféré aux Tribunaux de première instance.

Art. 14. — Les juges de paix connaissent des demandes en validité, en nullité et en mainlevée de saisies-arrêts et oppositions — autres que celles concernant les administrations de l'enregistrement et des contributions indirectes, ainsi que des demandes en déclaration affirmative, lorsque les causes des saisies n'excèdent pas les limites de leur compétence, sans préjudice de l'application de la loi spéciale du 12 janvier 1895 sur la saisie-arrêt des salaires et des petits traitements.

En cette matière, la permission exigée à défaut de titre par l'article 558 du Code de procédure civile sera délivrée par le juge de paix du domicile du débiteur et même par celui du domicile du tiers saisi, sur requête signée de la partie ou de son mandataire.

Art. **15**. — Les juges de paix seront seuls compétents pour procéder, à défaut d'entente amiable entre les créanciers opposants et le saisi à la distribution par contribution des sommes saisies, lorsque les sommes à distribuer n'excéderont pas 600 francs de principal. Cette distribution sera faite, après le dépôt de la somme à distribuer à la Caisse des dépôts et consignations, dans les formes prévues par les articles 11 à 18 de la loi du 12 janvier 1895 et par le décret du 8 février suivant.

Si les titres des créanciers produisants sont contestés et si les causes de la contestation excèdent les limites de leur compétence, les juges de paix surseoiront au règlement de la procédure de distribution jusqu'à ce que les Tribunaux compétents se soient prononcés, et leur jugement soit devenu définitif.

Art. **16**. — Les juges de paix peuvent autoriser une femme mariée à ester en jugement devant leur Tribunal, lorsqu'elle n'obtient pas cette autorisation de son mari entendu ou dûment appelé par voie de simple avertissement.

Ils peuvent aussi, dans les cas prévus à l'article 5 de la présente loi, autoriser les mineurs à ester en justice devant eux.

Dans tous les cas il sera fait mention dans le jugement de l'autorisation donnée.

Art. **17**. — Les juges de paix connaissent des actions en paiement des frais faits ou exposés devant leur juridiction.

Loi du 25 Mai 1838

(La loi du 13 juillet 1905 n'abrogeant que les articles
1 à 10 de la loi du 25 mai 1838
les articles suivants demeurent en vigueur)

Art. **11**. — L'exécution provisoire des jugements sera ordonnée dans tous les cas où il y a titre authentique, promesse reconnue, ou condamnation précédente dont il n'y a point eu appel. Dans tous les autres cas, le juge pourra ordonner l'exécution provisoire nonobstant appel, sans caution, lorsqu'il s'agira de pension alimentaire ou lorsque la somme n'excédera pas 300 francs, et avec caution au-dessus de cette somme. La caution sera reçue par le juge de paix.

Art. **12**. — S'il y a péril en la demeure, l'exécution provisoire pourra être ordonnée sur la minute du jugement, avec ou sans caution, conformément aux dispositions de l'article précédent.

Art. **13**. — L'appel des jugements des juges de paix ne sera recevable ni avant les trois jours qui suivront celui de la prononciation des jugements, à moins qu'il n'y ait lieu à exécution provisoire, ni après les trente jours qui suivront la signification à l'égard des personnes domiciliées dans le canton. — Les personnes domiciliées hors du canton auront, pour interjeter appel, outre le délai de trente jours, le délai réglé par les articles 73 et 1033 du Code de procédure civile.

Art. **14**. — Ne sera pas recevable l'appel des jugements mal à propos qualifiés en premier ressort, ou qui, étant en dernier ressort, n'auraient point été qualifiés. — Seront sujets à l'appel les jugements qualifiés en dernier ressort, s'ils ont statué soit sur des questions de compétence, soit sur des matières dont le juge de paix ne pouvait connaître qu'en premier ressort. Néanmoins, si le juge de paix s'est déclaré compétent, l'appel ne pourra être interjeté qu'après le jugement définitif.

Art. **15**. — Les jugements rendus par les juges de paix ne pourront être attaqués par la voie du recours en cassation que pour excès de pouvoir.

Art. **16**. — Tous les huissiers d'un même canton auront le droit de donner toutes les citations et de faire tous les actes devant la justice de paix. Dans les villes où il y a plusieurs justices de paix, les huissiers exploitent concurremment dans le ressort de la juridiction assignée à leur résidence. Tous les huissiers du même canton seront tenus de faire le service des audiences et d'assister le juge de paix toutes les fois qu'ils en seront requis; les juges de paix choisiront leurs huissiers audienciers.

Art. **17** (ainsi modifié, L. 2 mai 1855). — Dans toutes les causes, excepté celles qui requièrent célérité et celles dans lesquelles le défendeur serait domicilié hors du canton où des cantons de la même ville, il est interdit aux huissiers de donner aucune citation en justice, sans qu'au préalable le juge de paix ait appelé les parties devant lui

au moyen d'un avertissement sur papier non timbré, ré-
digé et délivré par le greffier, au nom et sous la surveil-
lance du juge de paix, et expédié par la poste, sous bande
simple, scellée du sceau de la justice de paix, avec affranchissement. — A cet effet, il sera tenu par le greffier un
registre sur papier non timbré, constatant l'envoi et le ré-
sultat des avertissements ; ce registre sera coté et paraphé
par le juge de paix. Le greffier recevra pour tout droit et
par chaque avertissement une rétribution de 25 centimes
y compris l'affranchissement qui sera dans tous les cas de
10 centimes. [*L'affranchissement, fixé à 10 centimes
dans le canton, a été élevé, par l'article 5 du Décret du
24 nov. 1871, à 15 centimes, taxe qui est également
appliquée au dehors du canton*]. S'il y a conciliation, le
juge de paix, sur la demande de l'une des parties, peut
dresser procès-verbal des conditions de l'arrangement ;
ce procès-verbal aura force d'obligation privée. — Dans
les cas qui requièrent célérité, il ne sera remis de citation
non précédée d'avertissement qu'en vertu d'une permission donnée sans frais par le juge de paix, sur l'original
de l'exploit. En cas d'infraction aux dispositions ci-dessus
de la part de l'huissier, il supportera sans répétition les
frais de l'exploit.

Art. **18.** — Dans les causes portées devant la justice
de paix aucun huissier ne pourra ni assister comme conseil,
ni représenter les parties en qualité de procureur fondé,
à peine d'une amende de 25 à 50 francs, qui sera pronon-
cée sans appel par le juge de paix. — Ces dispositions ne
seront pas applicables aux huissiers qui se trouveront
dans l'un des cas prévus par l'article 86 du Code de procédure civile.

Art. **19.** — En cas d'infraction aux dispositions des

articles 16, 17 et 18, le juge de paix pourra défendre aux huissiers du canton de citer devant lui, pendant un délai de quinze jours à trois mois sans appel et sans préjudice de l'action disciplinaire des tribunaux et des dommages-intérêts des parties, s'il y a lieu.

Art. **20**. — Les actions concernant les brevets d'invention seront portées, s'il s'agit de nullité ou de déchéance des brevets, devant les tribunaux civils de première instance; s'il s'agit de contrefaçon devant les tribunaux correctionnels.

Art. **21**. — Toutes les dispositions des lois antérieures, contraires à la présente loi sont abrogées.

Code de Procédure Civile

DE LA JUSTICE DE PAIX

TITRE PREMIER

DES CITATIONS

Article 1er. — Toute citation devant les juges de paix contiendra la date des jour, mois et an; les noms, profession et domicile du demandeur, les noms, demeure et immatricule de l'huissier, les noms et demeure du défendeur; elle énoncera sommairement l'objet et les moyens de la demande, et indiquera le juge de paix qui doit connaître de la demande, et le jour et l'heure de la comparution. — *Pr.* 4 *et s.*, 61 ; *Civ.* 102 ; *T.* 7 *et* 21.

Art. 2. — En matière purement personnelle ou mobilière, la citation sera donnée devant le juge du domicile du défendeur; s'il n'a pas de domicile, devant le juge de sa résidence. — *Pr.* 50-1º, 59, 69-8º, 363 *et s.* ; *Civ.* 102 *et s.*, 527 *et s.*

Art. 3. — Elle le sera devant le juge de la situation de l'objet litigieux, lorsqu'il s'agira :
1º Des actions pour dommages aux champs, fruits et récoltes ;
2º Des déplacements de bornes, des usurpations de terres, arbres, haies, fossés et autres clôtures, commis dans l'année ; des entreprises sur les cours d'eau, commises

pareillement dans l'année, et de toutes autres actions possessoires ;

3o Des réparations locatives ;

4o Des indemnités prétendues par le fermier ou locataire pour non-jouissance, lorsque le droit ne sera pas
contesté ; et des dégradations alléguées par le propriétaire. — *Pr. 23 et s., 38 ; Civ. 645, 646, 666 et s. ; 1720
et s., 1754 et s., 2228, 2243 ; Pén. 389, 456.*

Art. 4. — La citation sera notifiée par l'huissier de la
justice de paix du domicile du défendeur ; en cas d'empê-
chement, par celui qui sera commis par le juge ; copie en
sera laissée à la partie ; s'il ne se trouve personne en son
domicile, la copie sera laissée au maire ou adjoint de la
commune, qui visera l'original sans frais.

L'huissier de la justice de paix ne pourra instrumenter
pour ses parents en ligne directe, ni pour ses frères,
sœurs et alliés au même degré. — *Pr. 5, 52, 64 et s.,
1039 ; T. 21. [La première disposition du présent article
se trouve modifiée par l'article 36 de la loi du 25 mai
1838 qui confère à tous les huissiers du même canton le
droit de donner toutes les citations devant les Justices de
Paix].*

Art. 5. — Il y aura un jour au moins entre celui de la
citation et le jour indiqué pour la comparution, si la partie citée est domiciliée dans la distance de trois myriamètres.

Si elle est domiciliée au delà de cette distance, il sera
ajouté un jour par trois myriamètres.

Dans le cas où les délais n'auront point été observés, si
le défendeur ne comparaît pas, le juge ordonnera qu'il
sera réassigné, et les frais de la première citation seront à

la charge du demandeur. — *Pr.* 19, 51, 72 *et s.*, 1033. [*L'article 5 est modifié par l'article 1033 nouveau (L. 3 mai 1862), qui porte le délai de distance à un jour par cinq myriamètres*].

Art. **6**. — Dans les cas urgents, le juge donnera une cédule pour abréger les délais, et pourra permettre de citer, dans le jour et à l'heure indiqués. — *Pr.* 5, 29, 63, 72, 795, 808; *I. cr.* 146; *T.* 7.

Art. **7**. — Les parties pourront toujours se présenter volontairement devant un juge de paix; auquel cas il jugera leur différend, soit en dernier ressort, si les lois ou les parties l'y autorisent, soit à la charge de l'appel, encore qu'il ne fût le juge naturel des parties, ni à raison du domicile du défendeur, ni à raison de la situation de l'objet litigieux.

La déclaration des parties qui demanderont jugement sera signée par elles, ou mention sera faite si elles ne peuvent signer. — *Pr.* 54, 1003, 1005; *Civ.* 1350, 1351, 2123; *T.* 11.

TITRE III

DES JUGEMENTS PAR DÉFAUT ET DES OPPOSITIONS

A CES JUGEMENTS

Art. **19**. — Si, au jour indiqué par la citation, l'une des parties ne comparaît pas, la cause sera jugée par défaut, sauf la réassignation dans le cas prévu dans le dernier alinéa de l'article 5. — *Pr.* 20 *et s*., 149, 153, 156, 434; *T.* 21.

Art. **20**. — La partie condamnée par défaut pourra

former opposition, dans les trois jours de la signification faite par l'huissier du juge de paix, ou autre qu'il aura commis.

L'opposition contiendra sommairement les moyens de la partie, et assignation au prochain jour d'audience, en observant toutefois les délais prescrits pour les citations ; elle indiquera les jour et heure de la comparution et sera notifiée ainsi qu'il est dit ci-dessus. — *Pr.* 1 *et s.*, 156 *et s.*, 435 *et s.*, 455 ; *T.* 21.

Art. **21**. — Si le juge de paix sait par lui-même ou par les représentations qui lui seraient faites à l'audience par les proches, voisins ou amis du défendeur, que celui-ci n'a pu être instruit de la procédure, il pourra, en adjugeant le défaut, fixer pour le délai de l'opposition le temps qui lui paraîtra convenable ; et, dans le cas où la prorogation n'aurait été ni accordée d'office, ni demandée, le défaillant pourra être relevé de la rigueur du délai, et admis à opposition, en justifiant qu'en raison d'absence ou de maladie grave, il n'a pu être instruit de la procédure.

Art. **22**. — La partie opposante qui se laisserait juger une seconde fois par défaut ne sera plus reçue à former une nouvelle opposition. — *Pr.* 165.

TITRE IV

DES JUGEMENTS SUR LES ACTIONS POSSESSOIRES

Art. **23**. — Les actions possessoires ne seront recevables qu'autant qu'elles auront été formées, dans l'année du trouble, par ceux qui, durant une année au moins, étaient en possession paisible par eux ou les leurs, à titre non précaire. — *Pr.* 3-2°, 24 et s. ; *Civ.* 641, 642, 644, 682, 688, 691, 2226, 2230, 2236 *et s.*, 2243.

Art. 24. — Si la possession ou le trouble sont déniés, l'enquête qui sera ordonnée ne pourra porter sur le fond du droit. — *Pr.* 23, 25, 27, 34 *et s.*

Art. 25. — Le possessoire et le pétitoire ne seront jamais cumulés. — *Pr.* 3, 23, 24 ; *Civ.* 644, 645, 653, 691.

Art. 26. — Le demandeur au pétitoire ne sera plus recevable à agir au possessoire.

Art. 27. — Le défendeur au possessoire ne pourra se pourvoir au pétitoire qu'après que l'instance sur le possessoire aura été terminée, et il ne pourra, s'il a succombé, se pourvoir qu'après qu'il aura pleinement satisfait aux condamnations prononcées contre lui.

Si néanmoins la partie qui les a obtenues était en retard de les faire liquider, le juge du pétitoire pourra fixer, pour cette liquidation, un délai, après lequel l'action au pétitoire sera reçue. — *Pr.* 26, 186.

TITRE IX

DE LA RÉCUSATION DES JUGES DE PAIX

Art. 44. — Les juges de paix pourront être récusés : 1° quand ils auront un intérêt personnel à la contestation ; 2° quand ils seront parents ou alliés d'une des parties, jusqu'au degré de cousin germain inclusivement ; 3° si, dans l'année qui a précédé la récusation, il y a eu procès criminel entre eux et l'une des parties ou son conjoint, ou ses parents et alliés en ligne directe ; 4° s'il y a procès civil existant entre eux et l'une des parties, ou son conjoint ; 5° s'ils ont donné un avis écrit dans l'affaire. — *Pr.* 378 *et* s.

Art. **45**. — La partie qui voudra récuser un juge de paix sera tenue de former la récusation et d'en exposer les motifs par un acte qu'elle fera signifier, par le premier huissier requis, au greffier de la justice de paix, qui visera l'original. L'exploit sera signé, sur l'original et la copie, par la partie ou son fondé de pouvoir spécial. La copie sera déposée au greffe, et communiquée immédiatement au juge par le greffier. — *Pr.* 382, 384, 387, 1039 ; *Civ.* 1984, 1987 ; *T.* 14, 30.

Art. **46**. — Le juge sera tenu de donner au bas de cet acte, dans le délai de deux jours, sa déclaration par écrit, portant, ou son acquiescement à la récusation, ou son refus de s'abstenir, avec ses réponses aux moyens de récusation. — *Pr.* 47, 386 *et* s. ; *I. cr.* 542.

Art. **47**. — Dans les trois jours de la réponse du juge qui refuse de s'abstenir, ou faute par lui de répondre, expédition de l'acte de récusation et de la déclaration du juge, s'il y en a, sera envoyée par le greffier, sur la réquisition de la partie la plus diligente, au procureur du Roi (*procureur de la République*) près le tribunal de première instance dans le ressort duquel la justice de paix est située : la récusation y sera jugée en dernier ressort dans la huitaine, sur les conclusions du procureur du Roi (*procureur de la République*) sans qu'il soit besoin d'appeler les parties. — *Pr.* 83-4°, 311, 385 ; *T.*

LOUHANS. — IMPRIMERIE MODERNE

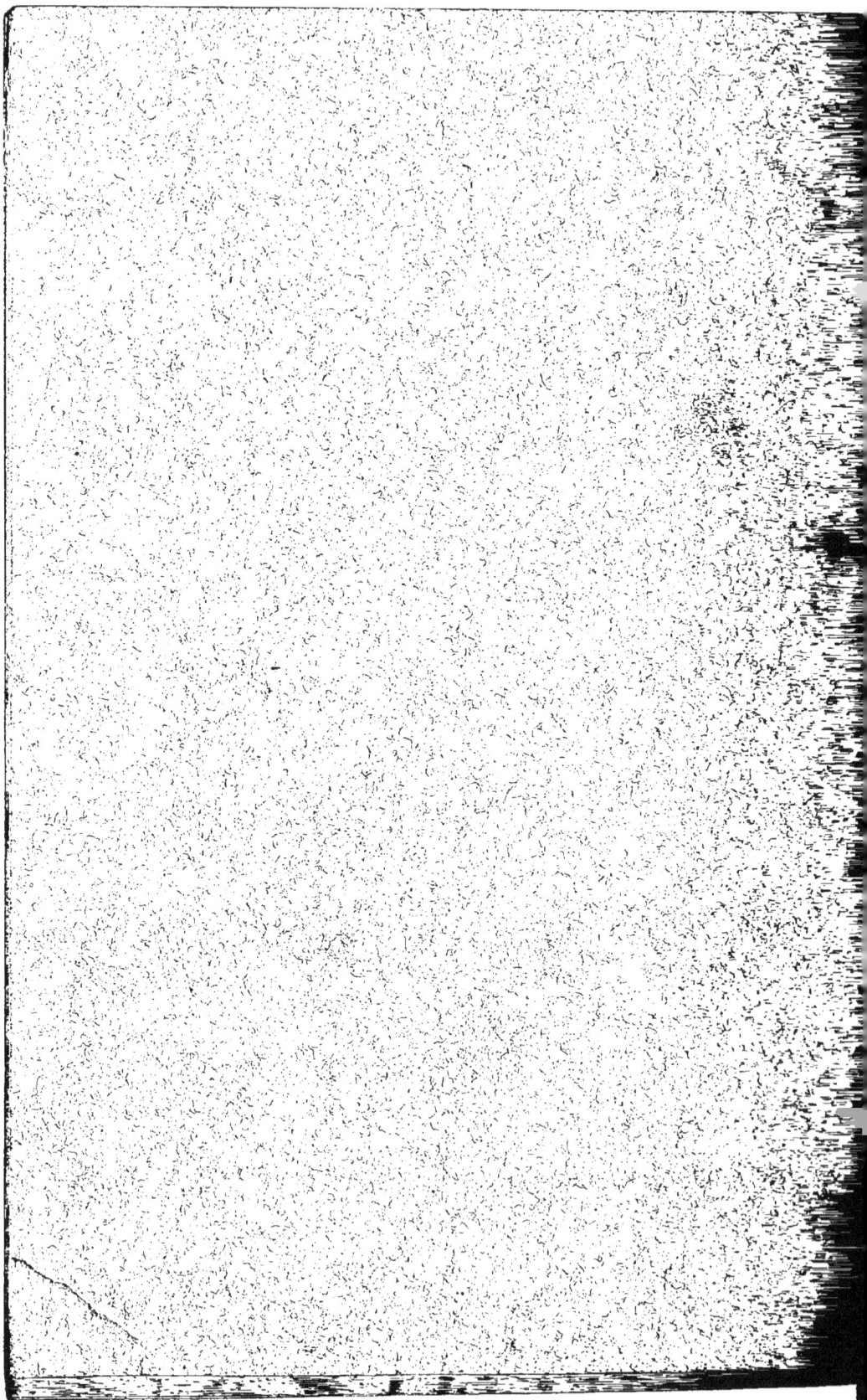

www.ingramcontent.com/pod-product-compliance
Lightning Source LLC
Chambersburg PA
CBHW060516200326
41520CB00017B/5072